AF194250

Impressum
Verlag: BABADADA GmbH, Nedderfeld 112 , 22529 Hamburg
Geschäftsführer / Verlagsleitung: Harald Hof
Druck: Books on Demand GmbH, In de Tarpen 42, 22848 Norderstedt

Imprint
Publisher: BABADADA GmbH, Nedderfeld 112 , 22529 Hamburg, Germany
Managing Director / Publishing direction: Harald Hof
Print: Books on Demand GmbH, In de Tarpen 42, 22848 Norderstedt

l'école

мактаб

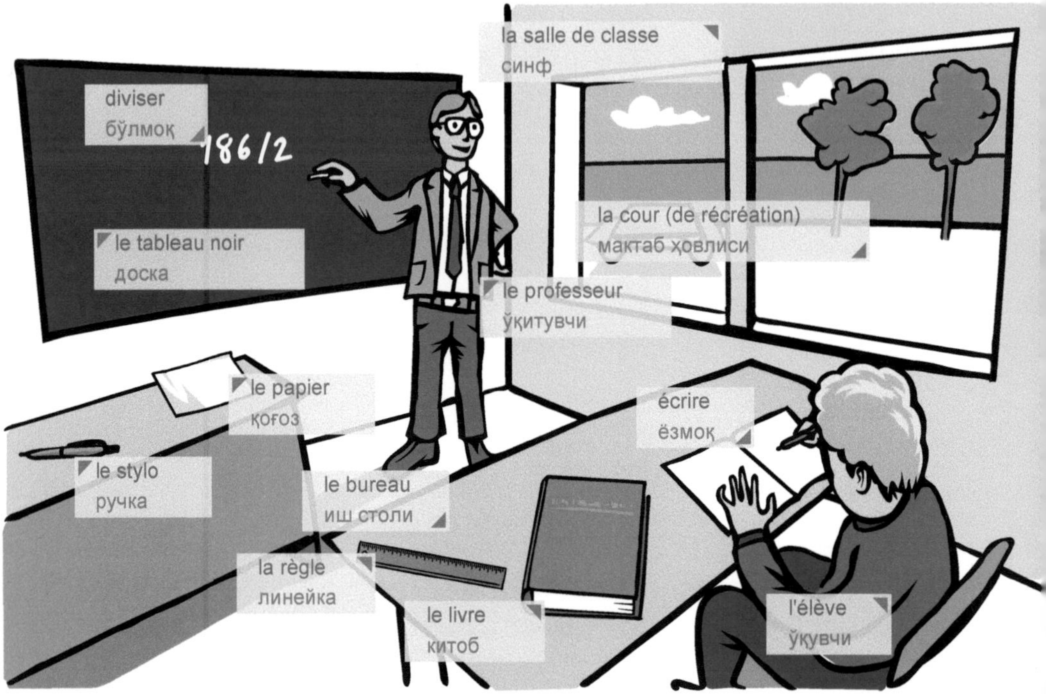

la salle de classe
синф
diviser
бўлмоқ
186/2
le tableau noir
доска
la cour (de récréation)
мактаб ҳовлиси
le professeur
ўқитувчи
le papier
қоғоз
écrire
ёзмоқ
le stylo
ручка
le bureau
иш столи
la règle
линейка
le livre
китоб
l'élève
ўқувчи

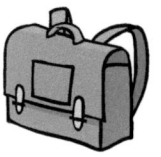

le cartable

осма сумка

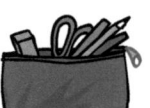

la trousse

қаламдон

le crayon

қалам

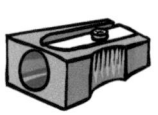

le taille-crayon

қалам учлагич

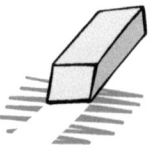

la gomme

ўчиргич

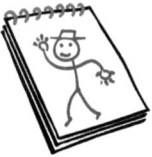

le carnet à dessin

расм албоми

le dessin

чизмачилик

le pinceau

бўёқ чўтка

la boîte de peinture

бўёқдон

les ciseaux

қайчи

la colle

елим

le cahier d'exercices

машғулот дафтари

les devoirs

уй иши

le chiffre

рақам

additionner

қўшмоқ

soustraire

айирмоқ

multiplier

кўпайтирмоқ

calculer

ҳисобламоқ

la lettre

хат

l'alphabet

алифбо

le mot

сўз

le texte

матн

lire

ўқимоқ

la craie

бўр

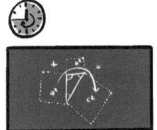

la leçon

дарс

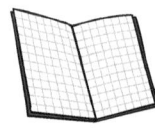

le livre de classe

журнал

l'examen

имтиҳон

le certificat

гувоҳнома

l'uniforme scolaire

мактаб формаси

la formation

таълим

le lexique

қомус

l'université

олийгоҳ

le microscope

микроскоп

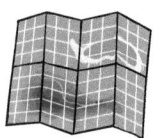

la carte

харита

la corbeille à papier

урна

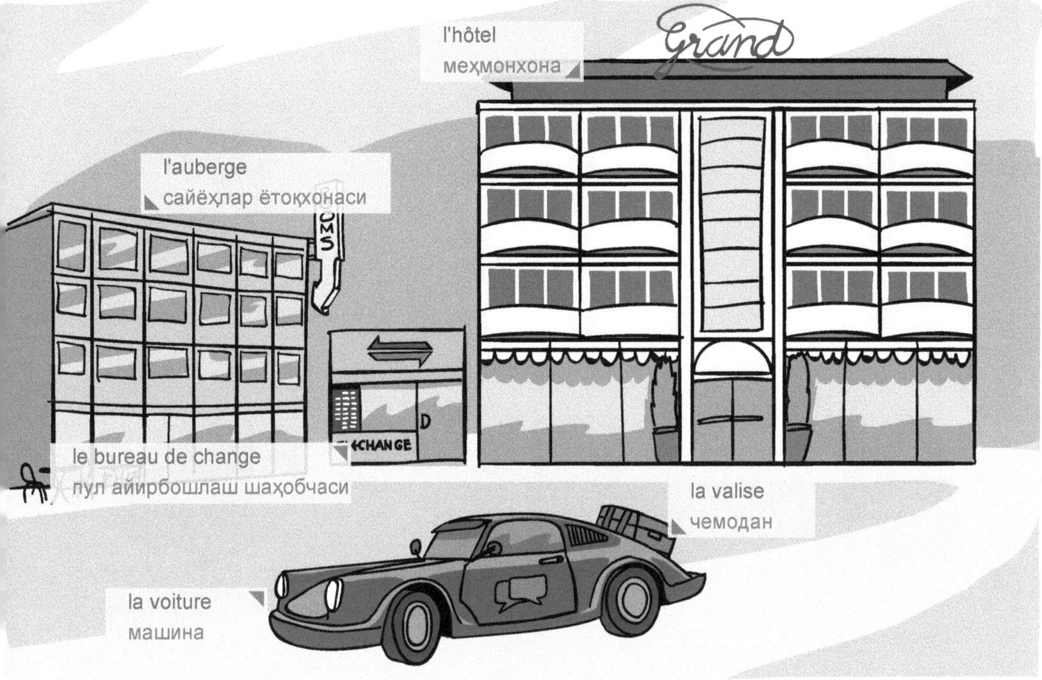

l'hôtel
меҳмонхона
Grand
l'auberge
сайёҳлар ётоқхонаси
le bureau de change
пул айирбошлаш шаҳобчаси
la valise
чемодан
la voiture
машина

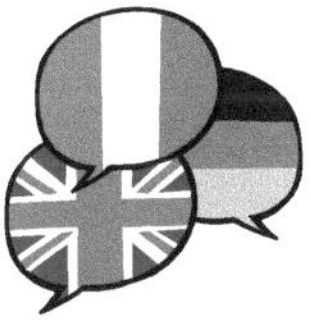

la langue

тил

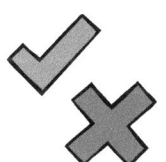

oui / non

ҳа / йўқ

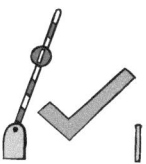

d'accord

Хўп

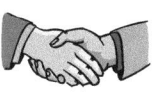

Salut

салом

l'interprète

таржимон

merci

Раҳмат

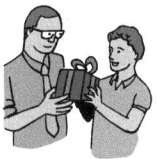

Combien coûte...?

неча пул...?

Je ne comprends pas

Тушунмадим

le problème

муаммо

Bonsoir !

Хайрли кеч!

Bonjour !

Хайрли тонг!

Bonne nuit !

Хайрли тун!

Au revoir

кўришгунча

la direction

йўналиш

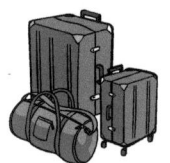

les bagages

йўловчи юки

le sac

сафархалта

le sac-à-dos

юк халта

l'hôte

меҳмон

la pièce

хона

le sac de couchage

уйқуқоп

la tente

чодир

l'office de tourisme

саёҳларга маълумот бериш столи

la plage

пляж

la carte de crédit

омонат карта

le petit-déjeuner

нонушта

le déjeuner

нонушта

le dîner

кечки овқат

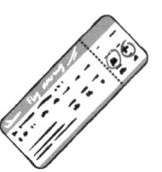

le billet

чипта

l'ascenseur

лифт

le timbre

марка

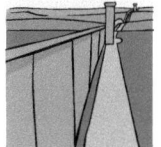

la frontière

чегара

la douane

божхона

l'ambassade

элчихона

le visa

виза

le passeport

паспорт

le transport

транспорт

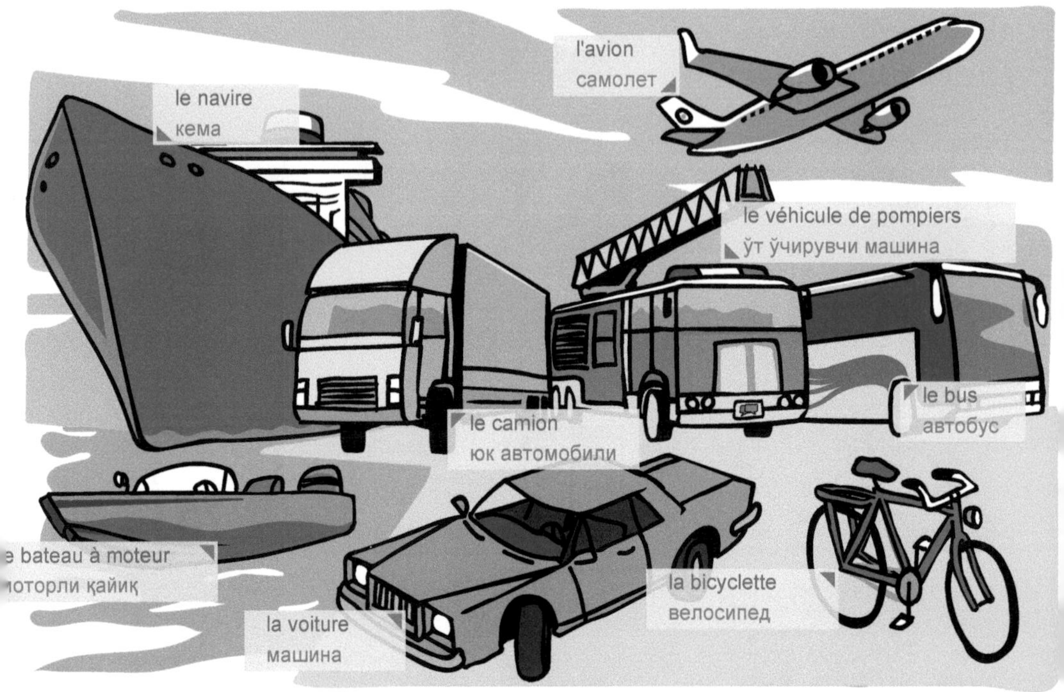
l'avion
самолет
le navire
кема
le véhicule de pompiers
ўт ўчирувчи машина
le bus
автобус
le camion
юк автомобили
e bateau à moteur
оторли қайиқ
la bicyclette
велосипед
la voiture
машина

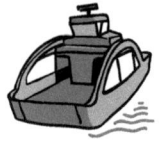

le ferry

солсимон ясси кема

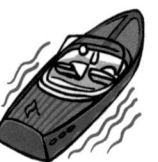

la barque

қайиқ

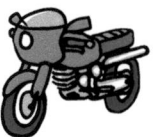

la moto

мотоцикл

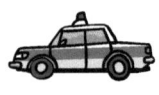

la voiture de police

посбон машинаси

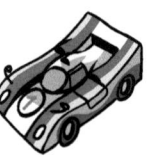

la voiture de course

пойга машинаси

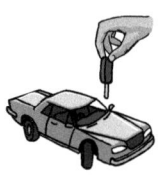

la voiture de location

ижарага олинган автоулов

l'auto-partage

автоижара

la voiture de remorquage

шатакка олувчи юк
автомобили

la benne à ordures

ахлат машинаси

le moteur

мотор

l'essence

ёқилғи

la station d'essence

ёқилғи қуйиш шаҳобчаси

le panneau indicateur

йўл белгиси

le trafic

йўл ҳаракати

le parking

автомобил тўхтаб туриш
жойи

la gare

поезд бекати

les rails

рельс

le train

поезд

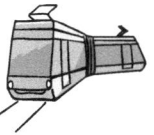

le tramway

трамвай

le wagon

вагон

l'hélicoptère

вертолёт

l'aéroport

аэропорт

la tour

минора

le passager

йўловчи

le conteneur

контейнер

le carton

қоғоз қути

le chariot

аравача

la corbeille

сават

décoller / atterrir

учмоқ / қўнмоқ

la ville

шаҳар

le village

қишлоқ

le centre-ville

шаҳар маркази

la maison

уй

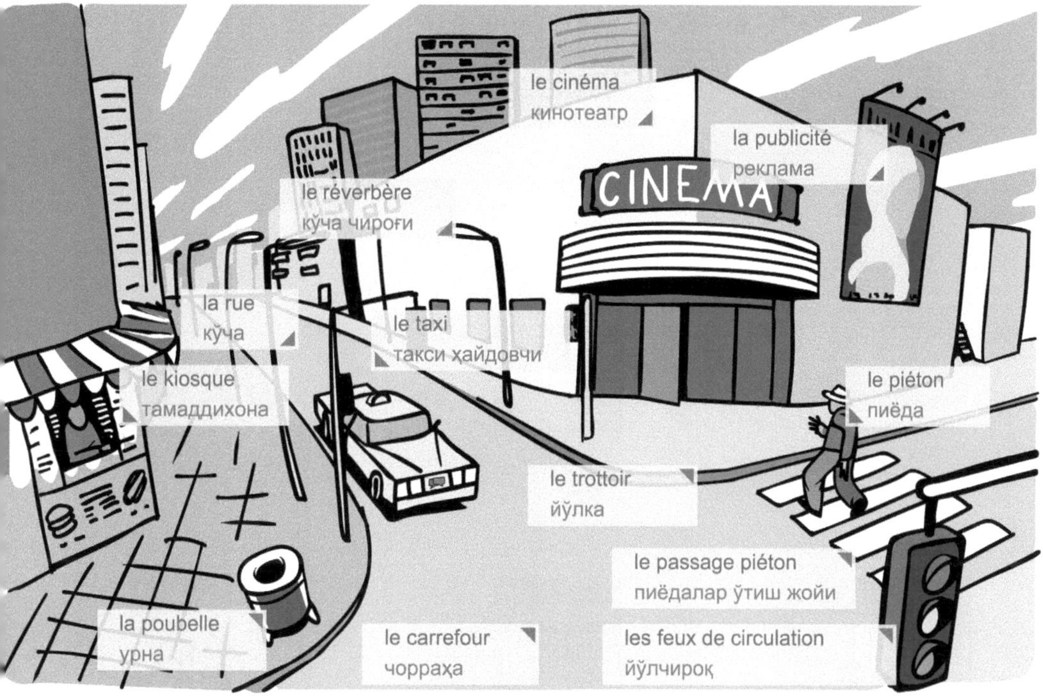
le cinéma
кинотеатр
CINEMA
la publicité
реклама
le réverbère
кўча чироғи
la rue
кўча
le taxi
такси ҳайдовчи
le kiosque
тамаддихона
le piéton
пиёда
le trottoir
йўлка
le passage piéton
пиёдалар ўтиш жойи
la poubelle
урна
le carrefour
чорраҳа
les feux de circulation
йўлчироқ

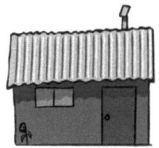

la cabane
кулба

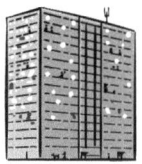

l'appartement
квартира

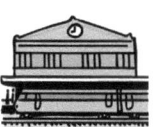

la gare
поезд бекати

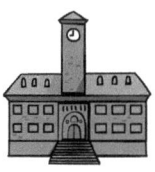

la mairie
маҳаллий ҳокимият биноси

MUSEUM

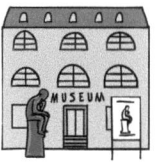

le musée
музей

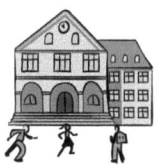

l'école
мактаб

l'université

олийгоҳ

la banque

банк

l'hôpital

шифохона

l'hôtel

меҳмонхона

la pharmacie

дорихона

le bureau

идора

la librairie

китоб дўкони

le magasin

дўкон

le fleuriste

гул дўкони

le supermarché

супермаркет

le marché

бозор

le grand magasin

универмаг

la poissonnerie

балиқ дўкони

le centre commercial

савдо маркази

le port

бандаргоҳ

le parc

истироҳат боғи

la banque

банк

le pont

кўприк

les escaliers

зинапоя

le métro

метро

le tunnel

ер ости йўли

l'arrêt de bus

автобус бекати

le bar

бар

le restaurant

ресторан

la boîte à lettres

почта қутиси

le panneau indicateur

кўча ёзув осма тахтаси

le parcmètre

тўхтаб туриш вақтини
ҳисоблагич

le zoo

ҳайвонот боғи

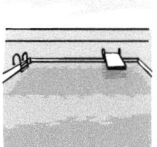

le réverbère

бассейн

la mosquée

масжид

la ferme

чорвачилик хўжалиги

la pollution

атроф-муҳит
ифлосланиши

la cimetière

қабристон

l'église

ибодатхона

l'aire de jeux

болалар ўйингоҳи

le temple

эҳром

le paysage

манзара

la feuille
япроқ

le panneau indicateur
йўлкўрсаттич

le chemin
йўл

le pré
ўтлоқ

la pierre
тош

l'arbre
дарахт

le randonneur
пиёда сайёҳ

la rivière
дарё

l'herbe
майса

la fleur
гул

la vallée

водий

la montagne

қир

le lac

кўл

la forêt

ўрмон

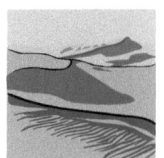

le désert

чўл

le volcan

вулкан

le château

қалъа

l'arc-en-ciel

камалак

le champignon

кўзиқорин

le palmier

пальма дарахти

le moustique

пашша

la mouche

чивин

les fourmis

чумоли

l'abeille

асалари

l'araignée

ўргимчак

le coléoptère

қўнғиз

la grenouille

қурбақа

l'écureuil

олмахон

le hérisson

типратикон

le lièvre

қуён

la chouette

укки

l'oiseau

қуш

le cygne

оққуш

le sanglier

эркак чўчқа

le cerf

буғу

l'élan

бутоқ шохли кийик

le barrage

тўғон

l'éolienne

шамол генератори

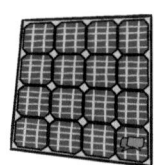

le panneau solaire

қуёш батареяси

le climat

иқлим

le restaurant
ресторан

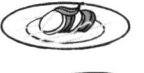

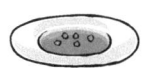

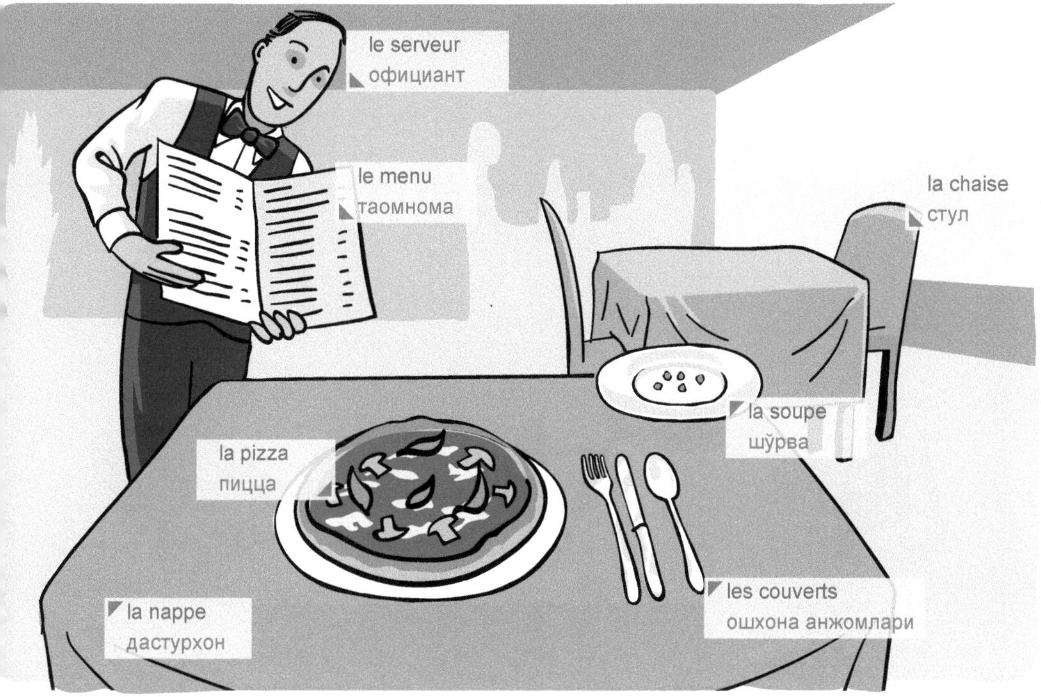

le serveur
официант
le menu
таомнома
la chaise
стул
la soupe
шўрва
la pizza
пицца
les couverts
ошхона анжомлари
la nappe
дастурхон

les hors d'œuvre

газак

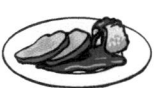

le plat principal

асосий таом

le dessert

десерт

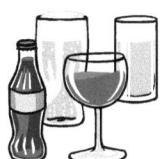

les boissons

ичимликлар

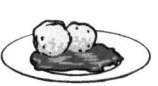

l'alimentation

таом

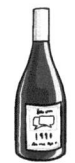

la bouteille

бутилка

le fast-food

тез пишар таом

les plats à emporter

кўча таоми

la théière

чойнак

le sucrier

шакардон

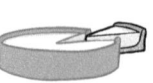

la portion

порция

la machine à expresso

эспрессо кофе машинаси

la chaise haute

болалар курсичаси

la facture

ҳисоб

le plateau

лаган

le couteau

пичоқ

la fourchette

санчқи

la cuillère

қошиқ

la cuillère à thé

чой қошиқ

la serviette

қўл сочиқ

le verre

стакан

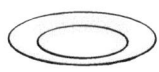

l'assiette

ликоп

l'assiette à soupe

шўрва коса

la soucoupe

тақсимча

la sauce

қайла

la salière

туздон

le moulin à poivre

қалампир янчгич

le vinaigre

сирка

l'huile

ёғ

les épices

зираворлар

le ketchup

кетчуп

la moutarde

хантал

la mayonnaise

майонез

le supermarché
супермаркет

l'offre promotionnelle
чегирма
FOR
le client
мижоз
les produits laitiers
сут маҳсулотлари
les fruits
мева
le chariot
харид араваси

BUTCHERS

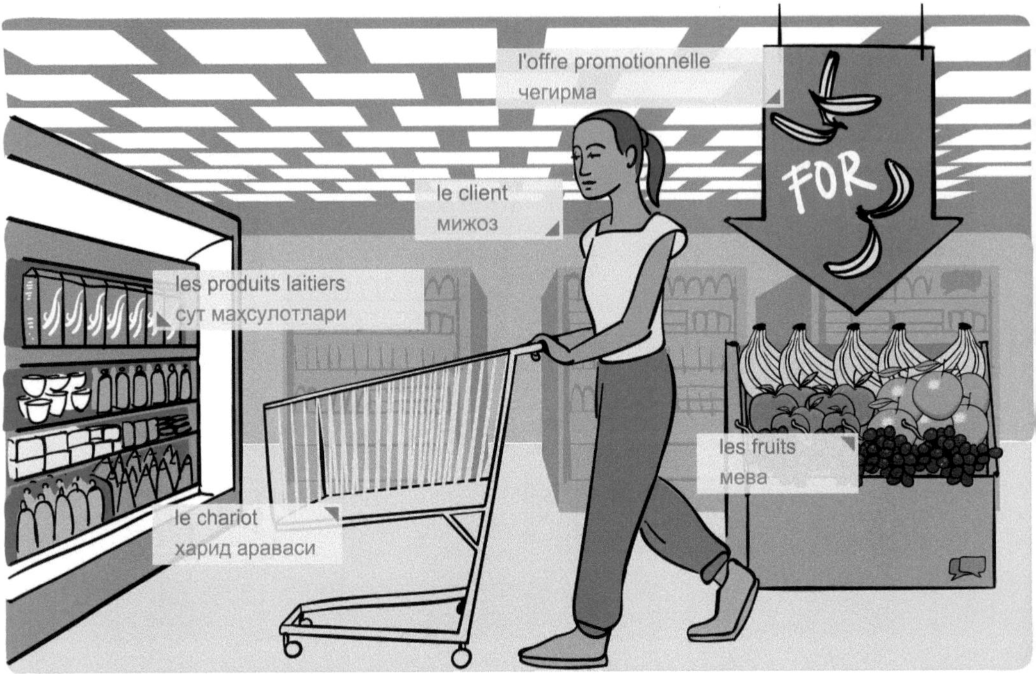

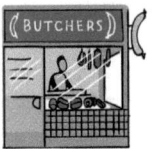

la boucherie

қассобхона

BAKERY

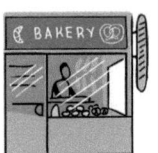

la boulangerie

нонвойхона

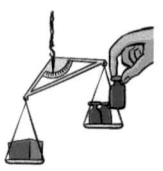

peser

тарозида ўлчамоқ

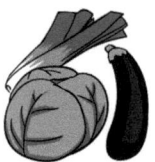

les légumes

сабзавот

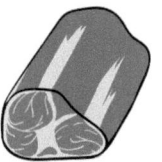

la viande

гўшт

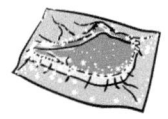

les aliments surgelés

музлатилган таомлар

la charcuterie
яхна гўшт

les conserves
консерва

la poudre à lessive
кир ювиш воситаси

les bonbons
ширинликлар

les articles ménagers
кундалик истеъмол моллар

les détergents
ювиш воситалари

la vendeuse
сотувчи

la caisse
касса аппарати

le caissier
ғазначи

la liste d'achats
харид рўйхати

les heures d'ouverture
иш вақти

le portefeuille
ҳамён

la carte de crédit
омонат карта

le sac
халта

le sac en plastique
целлофан халта

l'eau

сув

le jus de fruit

шарбат

le lait

сут

le coca

кока-кола

le vin

вино

la bière

пиво

l'alcool

спиртли ичимлик

le chocolat chaud

какао

le thé

чой

le café

кофе

l'expresso

эспрессо

le cappuccino

капучино

la banane

банан

la pomme

олмахон

l'orange

апельсин

le melon

қовун

le citron.

лимон

la carotte

сабзи

l'ail

саримсоқ

le bambou

бамбук

l'oignon

пиёз

le champignon

кўзиқорин

les noisettes

ёнғоқ

les pâtes

лағмон

les spaghetti

спагетти

le riz

гуруч

la salade

салат

les pommes frites

картошка-фри

les pommes de terre rôties

қовурилган картошка

la pizza

пицца

le hamburger

гамбургер

le sandwich

сэндвич

l'escalope

тўқмоқланган тўш қиймаси

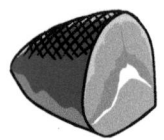

le jambon

дудланган чўчқа гўшти

le salami

салями колбасаси

la saucisse

сосиска

le poulet

товуқ гўшти

le rôti

қовурилган

le poisson

балиқ

les flocons d'avoine

сули бўтқаси

le muesli

мюсли

les cornflakes

маккажўхори ёрмаси

la farine

ун

le croissant

француз булочкаси

les petits-pains

булочка

le pain

нон

le pain grillé

қизартирилган нон бўлаги

les biscuits

пишириқ

le beurre

сариёғ

le fromage blanc

творог

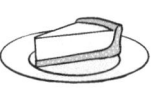

le gâteau

пирог

l'œuf

тухум

l'œuf au plat

қовурилган тухум

le fromage

пишлоқ

la glace

музқаймоқ

le sucre

шакар

le miel

асал

la confiture

мураббо

la crème nougat

шоколад пастаси

le curry

зарчава

la ferme

чорвачилик хўжалиги

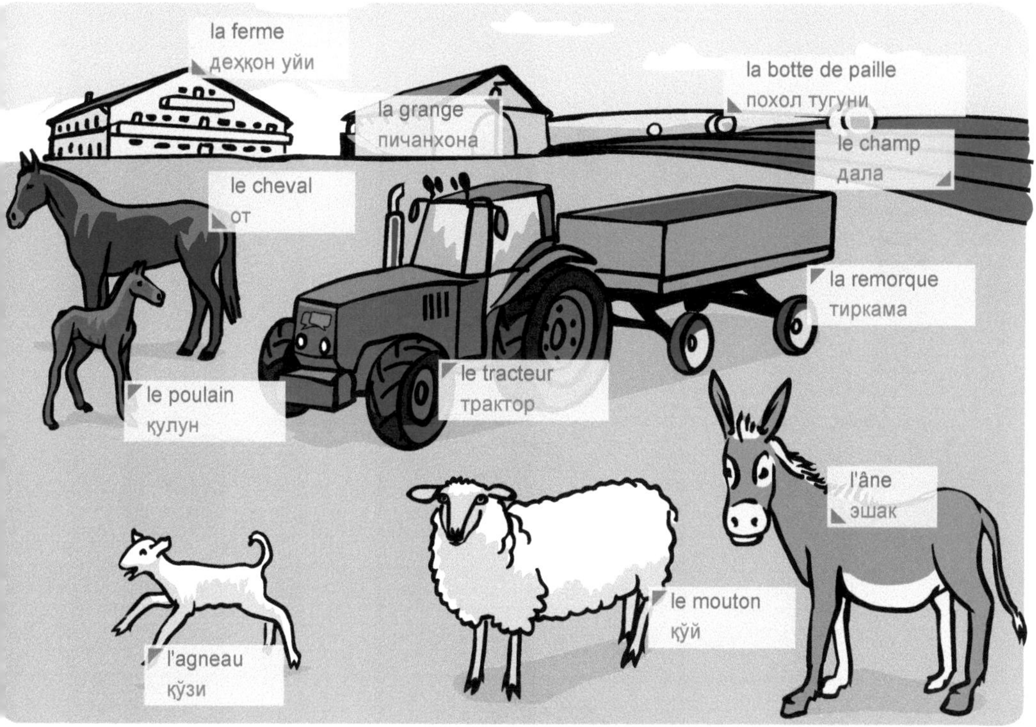
la ferme
деҳқон уйи
la botte de paille
похол тугуни
la grange
пичанхона
le champ
дала
le cheval
от
la remorque
тиркама
le tracteur
трактор
le poulain
қулун
l'âne
эшак
le mouton
қўй
l'agneau
қўзи

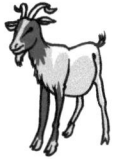

la chèvre

эчки

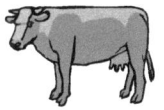

la vache

сигир

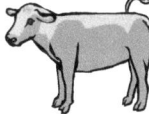

le veau

бузоқ

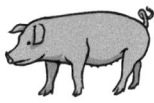

le porc

чўчқа

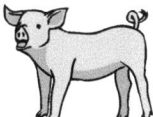

le porcelet

чўчқа боласи

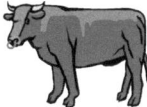

le taureau

буқа

l'oie

ғоз

le canard

ўрдак

le poussin

жўжа

la poule

товуқ

le coq

хўроз

le rat

каламуш

le chat

мушук

la souris

сичқон

le bœuf

ҳўкиз

le chien

ит

le chenil

каталак

le tuyau de jardin

ҳовли боғ шланги

l'arrosoir

гулчелак

la faucheuse

белўроқ

la charrue

темир омоч

la faucille

қўлўроқ

la pioche

чопқи

la fourche

паншаха

la hache

болта

la brouette

ғалтакарава

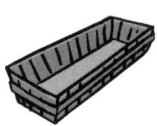

la cuve

охур

le pot à lait

сут бидони

le sac

тўрва

la clôture

панжара

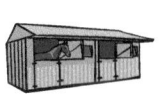

l'étable

оғилхона

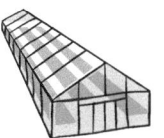

le serre

иссиқхона

le sol

тупроқ

les semences

уруғ

l'engrais

ўғит

la moissonneuse-batteuse

комбайн

récolter

ҳосил олмоқ

la récolte

йиғим-терим

l'igname

ямс

le blé

буғдой

le soja

соя

la pomme de terre

картошка

le maïs

маккажўхори

le colza

рапс уруғи

l'arbre fruitier

мевали дарахт

le manioc

маниок

les céréales

ёрма

la maison

уй

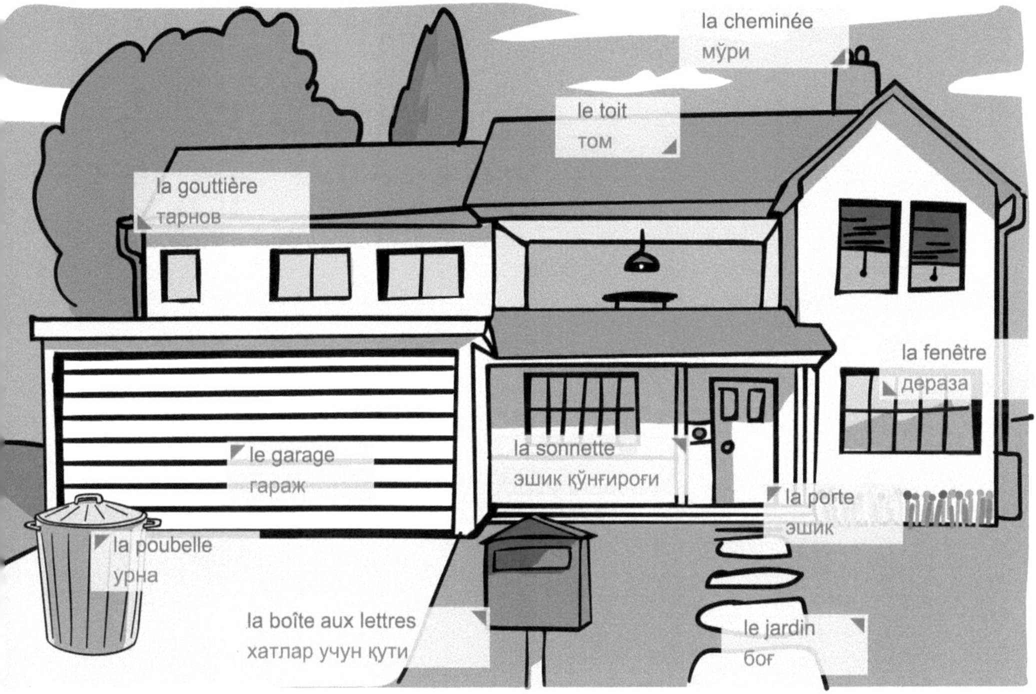
la cheminée
мўри
le toit
том
la gouttière
тарнов
la fenêtre
дераза
le garage
гараж
la sonnette
эшик қўнғироғи
la porte
эшик
la poubelle
урна
la boîte aux lettres
хатлар учун қути
le jardin
боғ

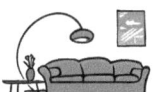

le salon

мехмонхона

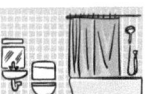

la salle de bain

ваннахона

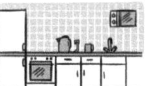

la cuisine

ошхона

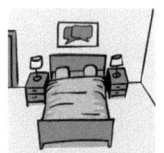

la chambre à coucher

ётоқхона

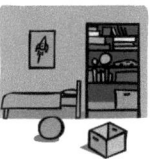

la chambre d'enfant

болалар хонаси

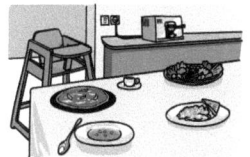

la salle à manger

ошхона

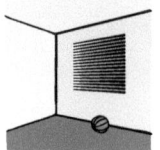

le sol
пол

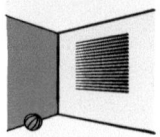

le mur
девор

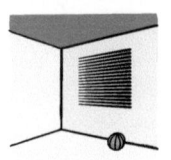

le plafond
шип

la cave
подвал

le sauna
сауна

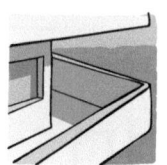

le balcon
болохона айвони

la terrasse
айвон

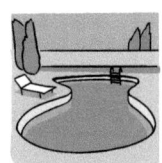

la piscine
бассейн

la tondeuse à gazon
ўт ўргич машина

la housse
кўрпажилд

la couette
чойшаб

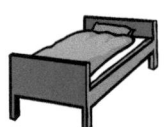

le lit
кроват

le balai
супурги

le sceau
пақир

l'interrupteur
мурват

le salon
меҳмонхона

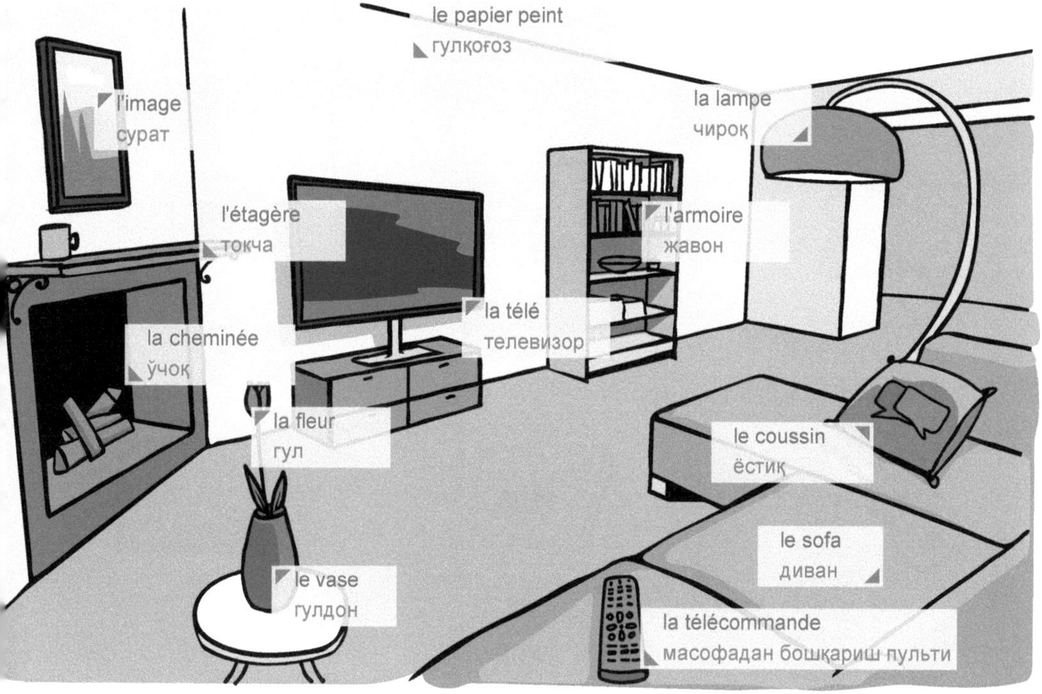

le papier peint
гулқоғоз
l'image
сурат
la lampe
чироқ
l'étagère
токча
l'armoire
жавон
la télé
телевизор
la cheminée
ўчоқ
la fleur
гул
le coussin
ёстиқ
le sofa
диван
le vase
гулдон
la télécommande
масофадан бошқариш пульти

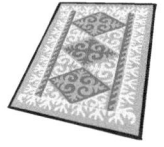

le tapis

гилам

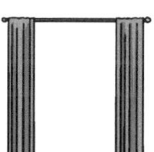

le rideau

парда

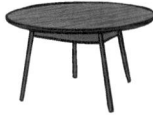

la table

стол

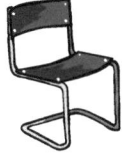

la chaise

стул

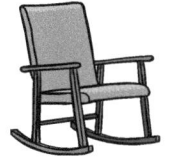

la chaise à bascule

тебранма курси

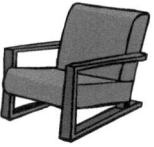

le fauteuil

кресло

le livre

китоб

la couverture

кӯрпа

la décoration

ҳашам

le bois de chauffage

ўтин

le film

кино

la chaîne hi-fi

стерео қурилма

la clé

калит

le journal

рўзнома

la peinture

расм

le poster

плакат

la radio

радио

le bloc-notes

ён дафтар

l'aspirateur

чанг ютгич

le cactus

кактус

la bougie

шам

la cuisine

ошхона

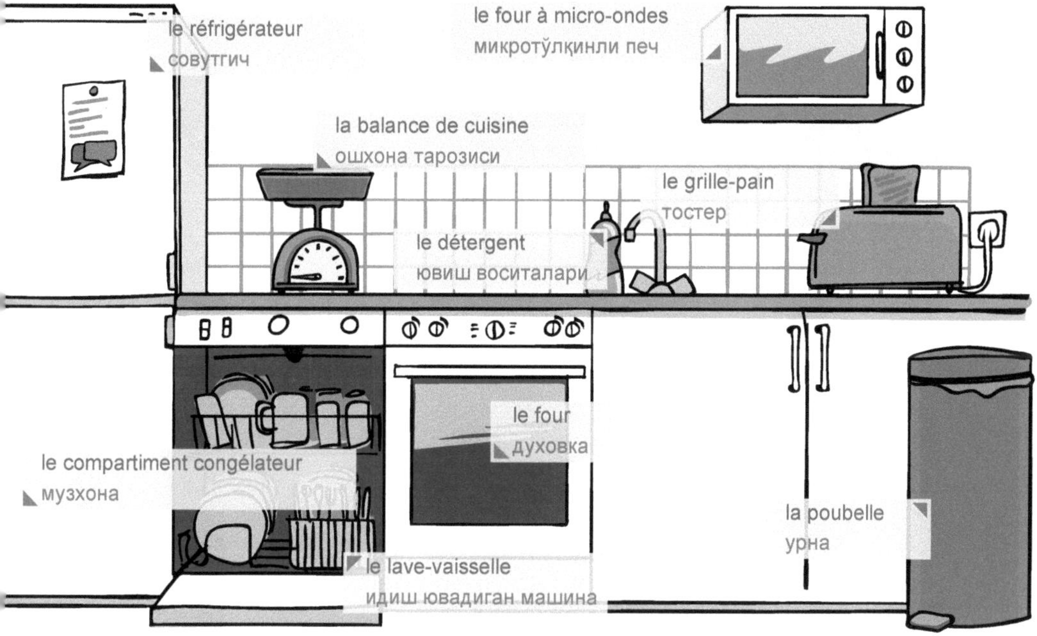
le réfrigérateur
совутгич
le four à micro-ondes
микротўлқинли печ
la balance de cuisine
ошхона тарозиси
le grille-pain
тостер
le détergent
ювиш воситалари
le four
духовка
le compartiment congélateur
музхона
la poubelle
урна
le lave-vaisselle
идиш ювадиган машина

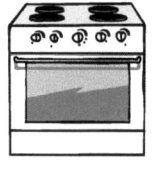

le four

плита

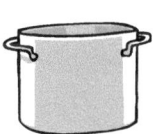

la casserole

кастрюль

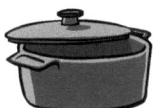

la marmite

чўян қозон

le wok / kadai

бўртма тубли това

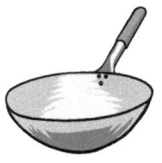

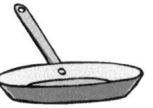

la poêle

това

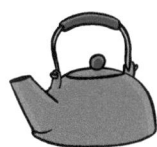

la bouilloire electrique

човгун

le cuiseur vapeur

мантиқасқон

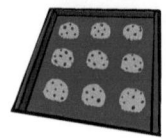

la plaque de cuisson

тунука това

la vaisselle

идиш

le gobelet

кружка

la coupe

коса

les baguettes

таом ейиш таёқчалари

la louche

чӯмич

la spatule

куракча

le fouet

кӯпиртиргич

la passoire

элак

le tamis

элак

la râpe

қирғич

le mortier

ҳовонча

le barbecue

гриль

la cheminée

олов

la planche à découper

оштахта

le rouleau à pâtisserie

жува

le tire-bouchon

пармасимон тиқин очгич

la boîte

консерва

l'ouvre-boîte

консерва очгич

les maniques

тутгич

le lavabo

унитаз

la brosse

идиш чўтка

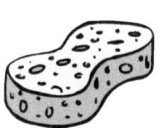

l'éponge

қозонсочиқ

le mixeur

қориштиргич

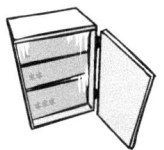

le congélateur

музлатгич

le biberon

сўрғичли чақалоқ
бутилкаси

le robinet

кран

la salle de bain

ваннахона

le chauffage
иситиш тизими
la douche
душ
la serviette
сочиқ
le rideau de douche
дарпарда
le bain moussant
кўпикли ванна
la baignoire
ванна
le verre
стакан
la machine à laver
кир ювиш машинаси
le robinet
кран
le carrelage
кафель
le pot
тувак
le lavabo
унитаз

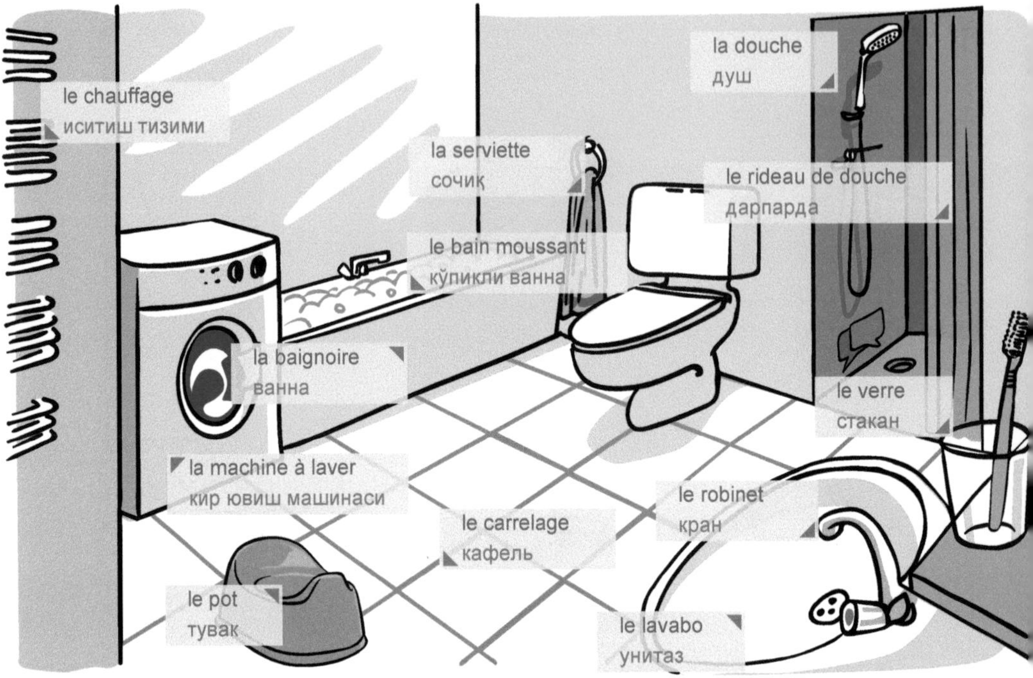

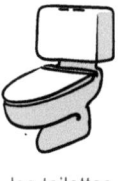

les toilettes

ҳожатхона

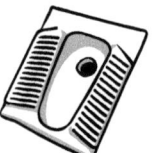

la toilette à la turque

полга ўрнатиладиган унитаз

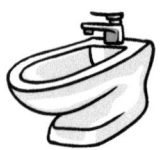

le bidet

таҳоратдон

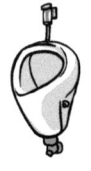

l'urinoir

сийдик унитази

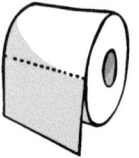

le papier toilette

ҳожатхона қоғози

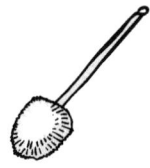

la brosse à toilette

ҳожатхона чўткаси

la brosse à dents

тиш чӯтка

le dentifrice

тиш пастаси

le fil dentaire

тиш тозалагич ип

laver

ювмоқ

la douche manuelle

дастакли душ

la douche intime

таҳорат учун душ

la vasque

тоғора

la brosse dorsale

елка қашлайдиган чӯтка

le savon

совун

le gel douche

душ учун гель

le shampooing

шампунь

le gant de toilette

мочалка

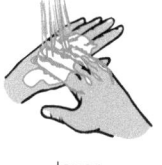

l'écoulement

қувур

la crème

крем

le déodorant

дезодарант

le miroir

кўзгу

le miroir cosmétique

кўл кўзгуси

le rasoir

устара

la mousse à raser

устара учун кўпик

l'après-rasage

салқинлантирувчи
бальзам

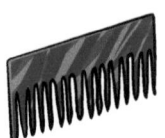

la peigne

тароқ

la brosse

чўтка

le sèche-cheveux

фен

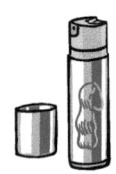

la laque pour cheveux

соч учун лак

le fond de teint

пардоз-андоз

le rouge à lèvres

лаб учун помада

le vernis à ongles

тирноқ лаки

l'ouate

пахта

le coupe-ongles

тирноқ қайчиси

le parfum

духи

la trousse de toilette

пардоз-андоз халтаси

le tabouret

курси

le pèse-personne

тарози

le peignoir

чўмилиш халати

les gants de nettoyage

резина қўлқоп

le tampon

тампон

les serviettes hygiéniques

гигиеник таглик

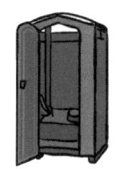

la toilette chimique

биохожатхона

la chambre d'enfant

болалар хонаси

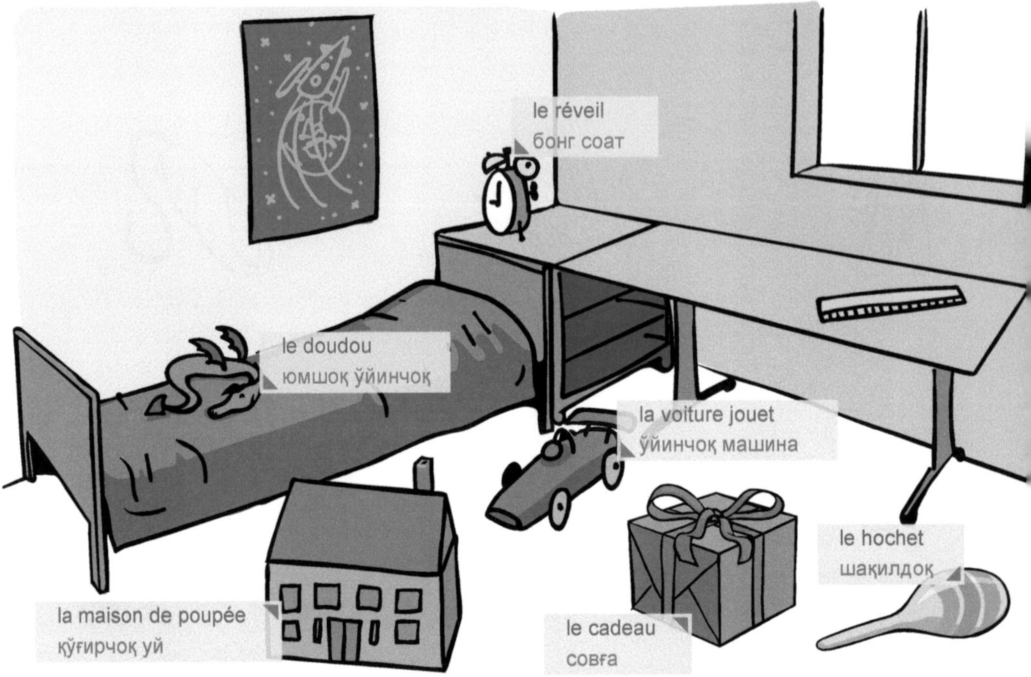
le réveil
бонг соат
le doudou
юмшоқ ўйинчоқ
la voiture jouet
ўйинчоқ машина
le hochet
шақилдоқ
la maison de poupée
қўғирчоқ уй
le cadeau
совға

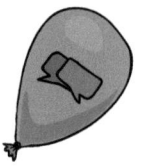

le ballon

шар

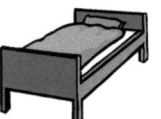

le lit

кроват

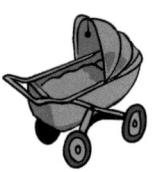

la poussette

болалар аравачаси

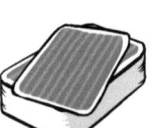

le jeu de cartes

карта тўплами

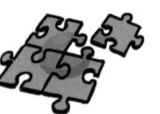

le puzzle

терма тасвир

SUPER
MEGA

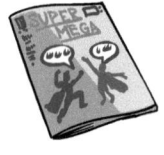

la bande dessinée

кулгили саҳна асари

les pièces lego

лего ғиштлари

les blocs de construction

ўйинчоқ кубиклар

la figurine

ўйинчоқ қаҳрамон

la grenouillère

ползунка

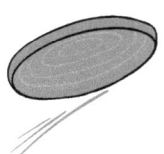

le frisbee

учар ликопча

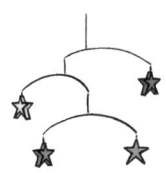

le mobile

осма шақилдоқ

le jeu de société

стол ўйини

le dé

ошиқ

le train miniature

поезд макети

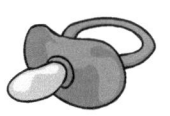

la sucette

сўрғич

la fête

ўтириш

le livre d'images

расмли китоб

la balle

копток

la poupée

қўғирчоқ

jouer

ўйнамоқ

le bac à sable

қумдон

la balançoire

арғимчоқ

les jouets

ўйинчоқлар

la console de jeu

ўйин приставкаси

le tricycle

уч ғилдиракли велосипед

l'ours en peluche

бахмал айиқ

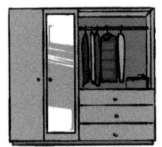

l'armoire

кийим шкафи

les vêtements

кийим

les chaussettes

пайпоқ

les bas

чулки

le collant

колготка

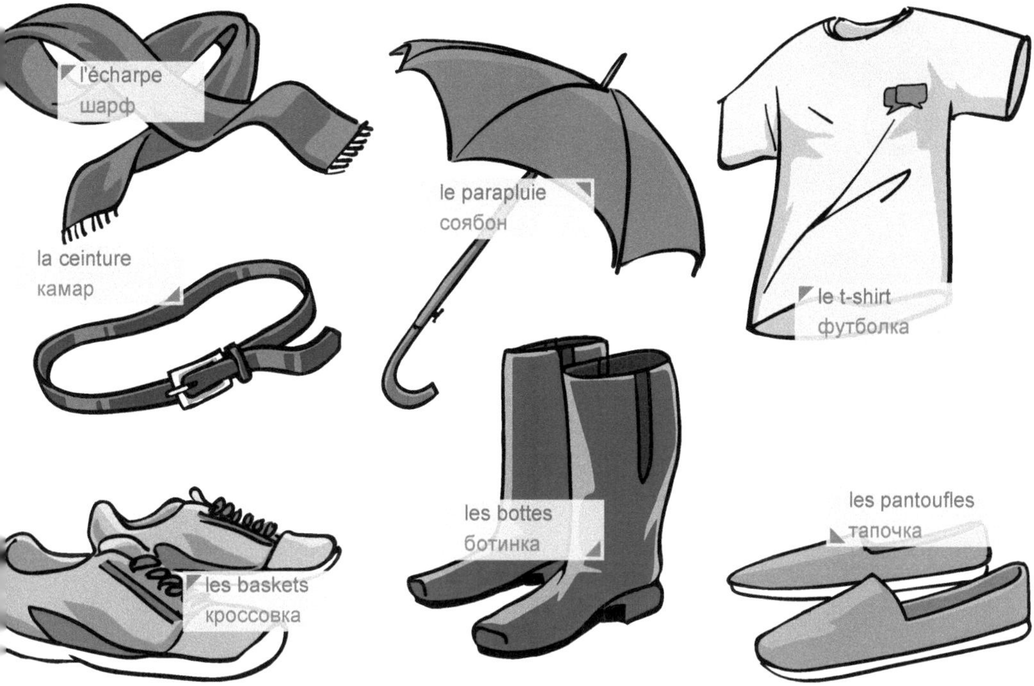

l'écharpe
шарф

le parapluie
соябон

le t-shirt
футболка

la ceinture
камар

les bottes
ботинка

les pantoufles
тапочка

les baskets
кроссовка

les sandales
....
шиппак

les chaussures
....
туфли

les bottes de caoutchouc
....
резина этик

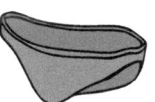

les sous-vêtements
....
тор турсик

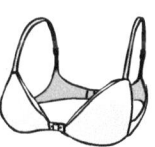

le soutien-gorge
....
кўкракпеч

le maillot de corps
....
майка

le body

боди

le pantalon

иштон

le jean

жинси

la jupe

юбка

le chemisier

кофта

la chemise

кўйлак

le pull

жемпер

le sweat à capuche

узун чакмон

la veste

спорт бичимидаги пиджак

la veste

куртка

le manteau

пальто

l'imperméable

плаш

le costume

либос

la robe

кўйлак

la robe de mariée

келин кўйлак

le costume

костюм шим

la chemise de nuit

тунги кӯйлак

le pyjama

пижама

le sari

сари

le foulard

шолрӯмол

le turban

салла

la burqa

паранжи

le caftan

чакмон

l'abaya

абая

le maillot de bain

чӯмилиш костюми

le maillot de bain

турсик

le short

шортик

la tenue d'entraînement

спорт костюми

le tablier

фартук

les gants

қӯлқоп

le bouton

тугма

les lunettes

кўзойнак

le bracelet

билагузук

le collier

мунчоқ

la bague

узук

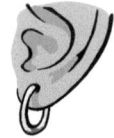

la boucle d'oreille

сирға

le bonnet

кепка

le cintre

пальто илгак

le chapeau

шляпа

la cravate

бўйинбоғ

la fermeture éclair

замок

le casque

дубулға

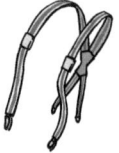

les bretelles

шим тортгич

l'uniforme scolaire

мактаб формаси

l'uniforme

форма

le bavoir

ошхӯрак

la sucette

сӯрғич

la lange

таглик

le bureau
идора

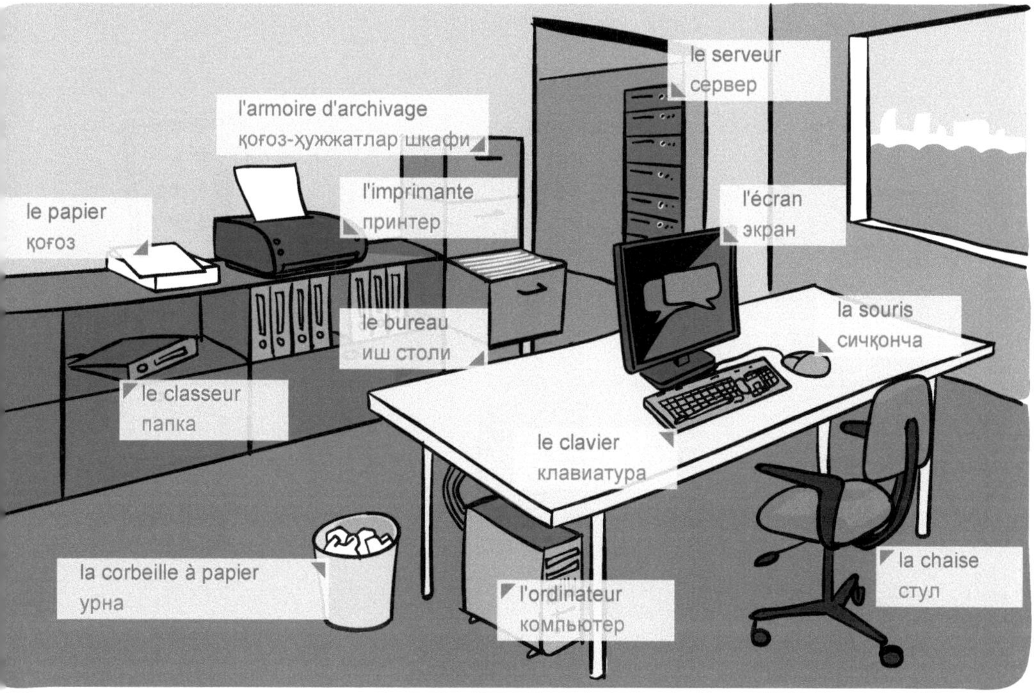

l'armoire d'archivage
қоғоз-ҳужжатлар шкафи

le serveur
сервер

l'imprimante
принтер

le papier
қоғоз

l'écran
экран

le bureau
иш столи

la souris
сичқонча

le classeur
папка

le clavier
клавиатура

la corbeille à papier
урна

l'ordinateur
компьютер

la chaise
стул

la tasse de café

кофе кружкаси

la calculatrice

калькулятор

l'internet

интернет

l'ordinateur portable

ноутбук

la lettre

хат

le message

мактуб

le portable

уяли телефон

le réseau

тармоқ

la photocopieuse

нусха кӯчиргич

le logiciel

дастур

le téléphone

телефон

la prise

розетка

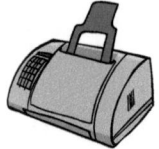

le fax

факс

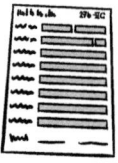

le formulaire

шакллар

le document

ҳужжат

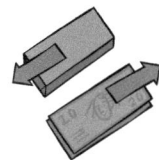

acheter

харид қилмоқ

payer

тўламоқ

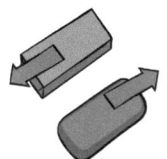

faire du commerce

савдолашмоқ

la monnaie

пул

le dollar

доллар

l'euro

евро

le yen

йен

le rouble

рубль

le franc suisse

швейцар франки

le renminbi yuan

Жэньминьби хитой юани

la roupie

рупи

le distributeur automatique

банкомат

le bureau de change

пул айирбошлаш
шаҳобчаси

l'or

олтин

l'argent

кумуш

le pétrole

нефт

l'énergie

энергия

le prix

нарх

le contrat

шартнома

la taxe

солиқ

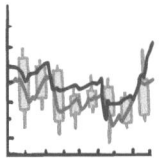

l'action

акция

travailler

ишламоқ

l'employé

ишчи

l'employeur

иш берувчи

l'usine

завод

le magasin

дўкон

les professions

касблар

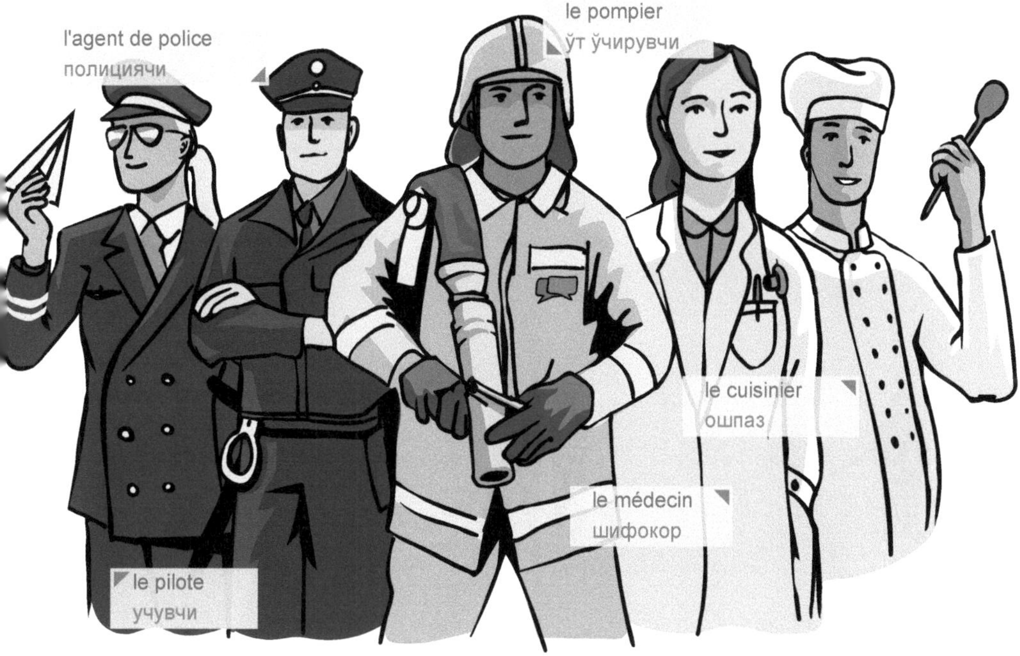
l'agent de police
полициячи
le pompier
ўт ўчирувчи
le cuisinier
ошпаз
le médecin
шифокор
le pilote
учувчи

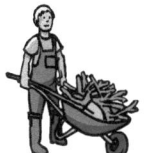

le jardinier
боғбон

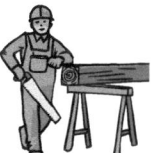

le menuisier
дурадгор

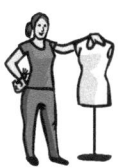

la couturière
тикувчи

le juge
ҳакам

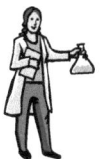

le chimiste
кимёгар

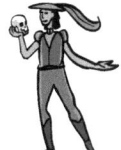

l'acteur
актёр

le conducteur de bus

автобус ҳайдовчиси

le chauffeur de taxi

такси ҳайдовчи

le pêcheur

балиқчи

la femme de ménage

фаррош

le couvreur

том устаси

le serveur

официант

le chasseur

овчи

le peintre

бўёқчи

le boulanger

нонвой

l'électricien

электр устаси

l'ouvrier

қурувчи

l'ingénieur

муҳандис

le boucher

қассоб

le plombier

сувчи чилангар

le facteur

почтачи

le soldat

аскар

l'architecte

меъмор

le caissier

ғазначи

le fleuriste

гулчи

le coiffeur

сартарош

le contrôleur

чиптачи

le mécanicien

механик

le capitaine

капитан

le dentiste

тиш шифокори

le scientifique

олим

le rabbin

яхудийлар руҳонийси

l'imam

имом

le moine

роҳиб

le prêtre

руҳоний

les outils
асбоблар

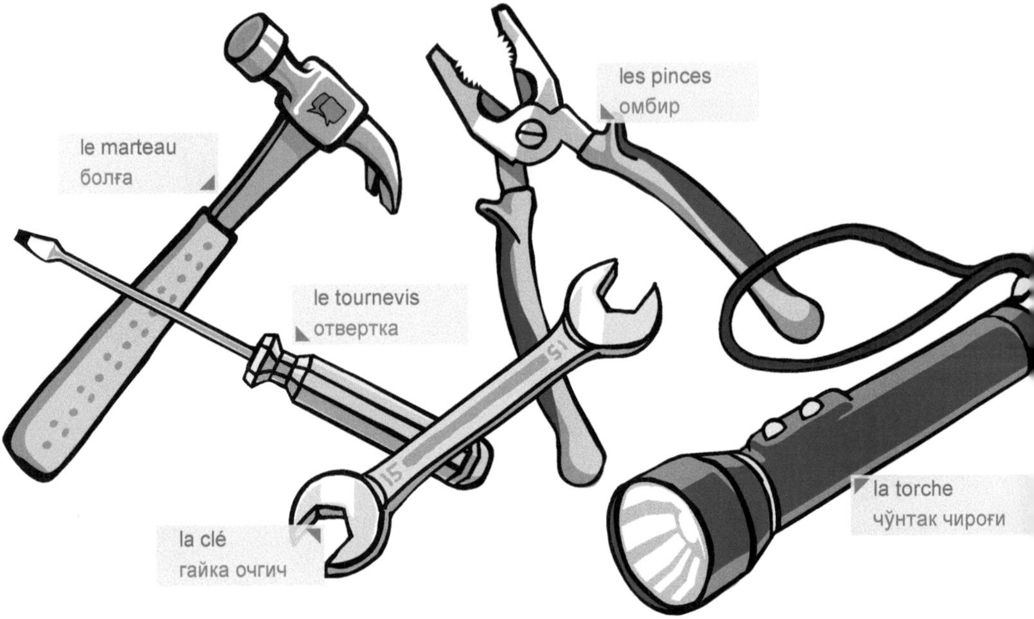

le marteau
болға
les pinces
омбир
le tournevis
отвертка
la clé
гайка очгич
la torche
чўнтак чироғи

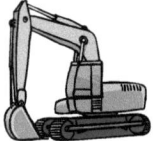

la pelleteuse
экскаватор

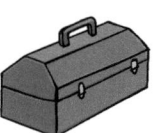

la boîte à outils
асбоблар қутиси

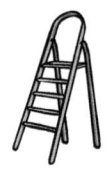

l'échelle
нарвон

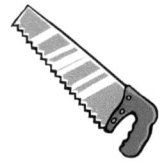

la scie
қўларра

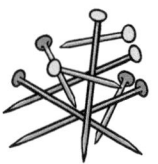

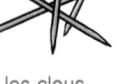

les clous
мих

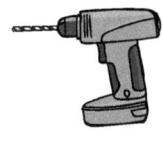

la perceuse
пармадаста

réparer

тузатмоқ

la pelle

белкурак

Mince !

Жин урсин!

la pelle

хокандоз

le pot de peinture

бўёқ идиш

les vis

бурама мих

les instruments de musique
мусиқа асбоблари

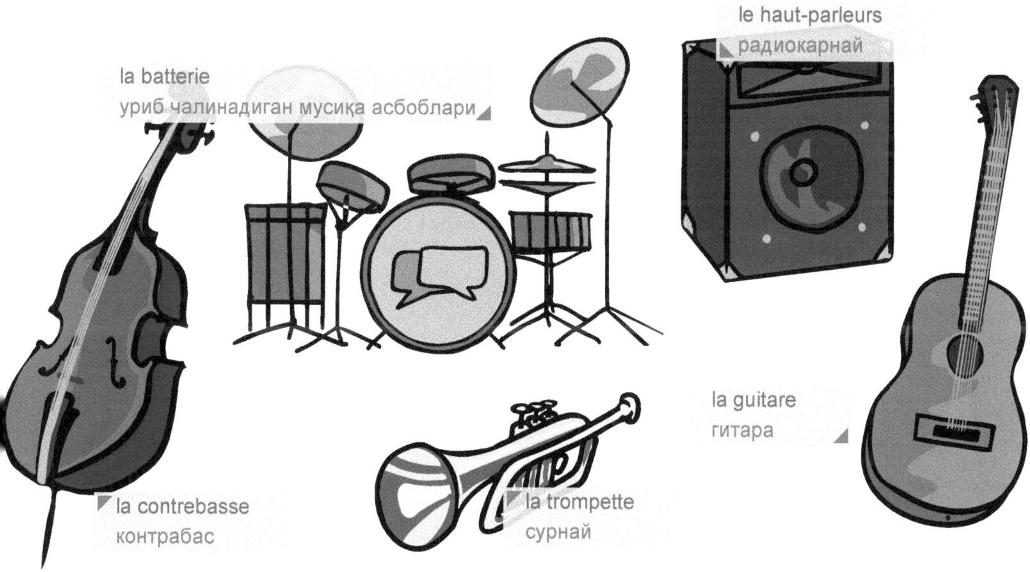

le haut-parleurs
радиокарнай

la batterie
уриб чалинадиган мусиқа асбоблари

la guitare
гитара

la contrebasse
контрабас

la trompette
сурнай

le piano

пианино

le violon

ғижжак

la basse

бас-гитара

les timbales

қўшноғора

le tambour

дўмбира

le piano électrique

клавиатура

le saxophone

саксофон

la flûte

най

le microphone

микрофон

le zoo

ҳайвонот боғи

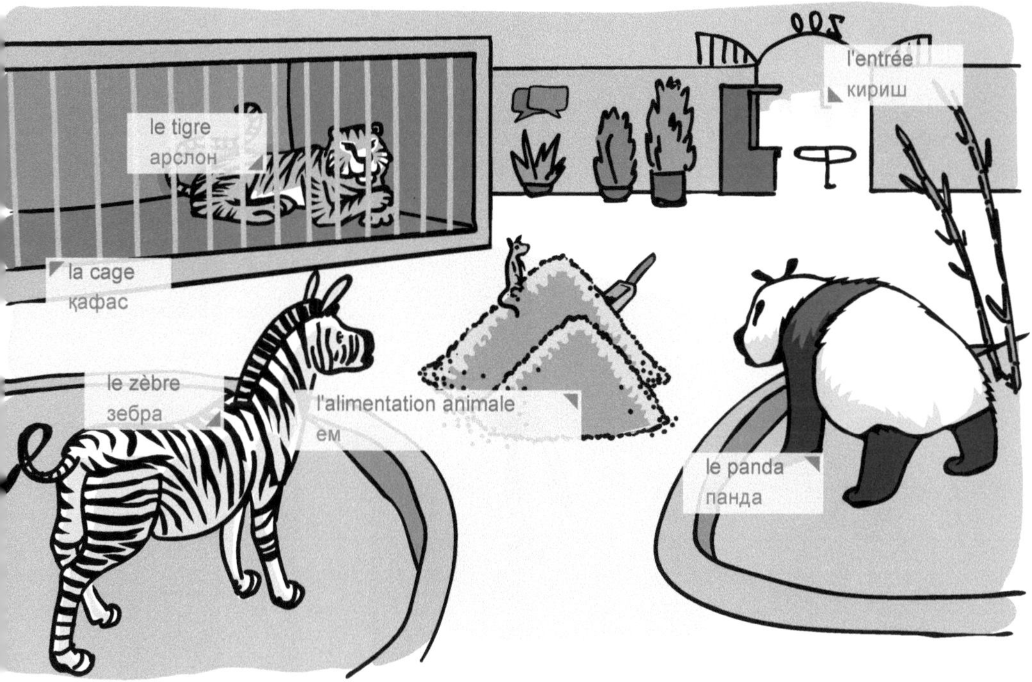
l'entrée
кириш
le tigre
арслон
la cage
қафас
le zèbre
зебра
l'alimentation animale
ем
le panda
панда

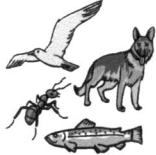

les animaux

ҳайвонлар

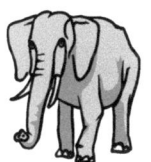

l'éléphant

фил

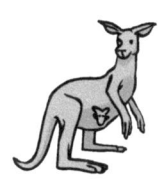

le kangourou

кенгуру

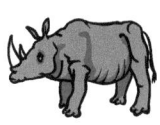

le rhinocéros

каркидон

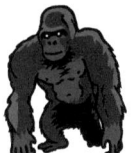

le gorille

горилла

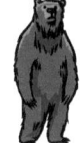

l'ours

айиқ

le chameau

туя

l'autruche

туяқуш

le lion

шер

le singe

маймун

le flamand rose

фламинго

le perroquet

тӯти

l'ours polaire

оқ айиқ

le pingouin

пингвин

le requin

акула

le paon

товус

le serpent

илон

le crocodile

тимсоҳ

le gardien de zoo

ҳайвонот боғи қоровули

le phoque

тюлень

le jaguar

ягуар

le poney

тўпичоқ от

le léopard

қоплон

l'hippopotame

бегемот

la girafe

жирафа

l'aigle

бургут

le sanglier

эркак чўчқа

le poisson

балиқ

la tortue

тошбақа

le morse

морж

le renard

тулки

la gazelle

оху

l'american Football
америка футболи

le cyclisme
велосипед ҳайдаш

le tennis
теннис

le basket-ball
баскетбол

la natation
сузиш

le hockey sur glace
муз хоккейи

la boxe
бокс

le football

футбол

le badminton

бадминтон

l'athlétisme

енгил атлетика

le handball

қўлтўпи

le ski

чанғи учиш

le polo

поло

sauter
сакрамоқ

embrasser
кучмоқ

rire
кулмоқ

marcher
юрмоқ

chanter
куйламоқ

rêver
хаёл қилмоқ

prier
ибодат қилмоқ

faire la bise
ўпмоқ

écrire
ёзмоқ

dessiner
чизмоқ

montrer
кўрсатмоқ

pousser
итармоқ

donner
бермоқ

prendre
олмоқ

avoir

эга бўлмоқ

faire

бажармоқ

être

бўлмоқ

être debout

турмоқ

courir

югурмоқ

trier

тортмоқ

jeter

улоқтирмоқ

tomber

йиқилмоқ

être couché

алдамоқ

attendre

кутмоқ

porter

ташимоқ

être assis

ўтирмоқ

s'habiller

кийинмоқ

dormir

ухламоқ

se réveiller

уйғонмоқ

regarder

қарамоқ

pleurer

йиғламоқ

caresser

зарба бермоқ

peigner

тарамоқ

parler

гаплашмоқ

comprendre

тушунмоқ

demander

сўрамоқ

écouter

тингламоқ

boire

ичмоқ

manger

емоқ

ranger

йиғиштирмоқ

aimer

севмоқ

cuire

пиширмоқ

conduire

ҳайдамоқ

voler

учмоқ

les activités - машғулот 65

faire de la voile

кемада сузмоқ

calculer

ҳисобламоқ

lire

ўқимоқ

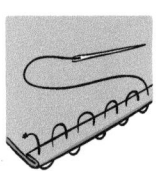

apprendre

ўрганмоқ

travailler

ишламоқ

se marier

турмуш қурмоқ

coudre

тикмоқ

brosser les dents

тиш ювмоқ

tuer

ўлдирмоқ

fumer

чекмоқ

envoyer

йўлламоқ

la famille

оила

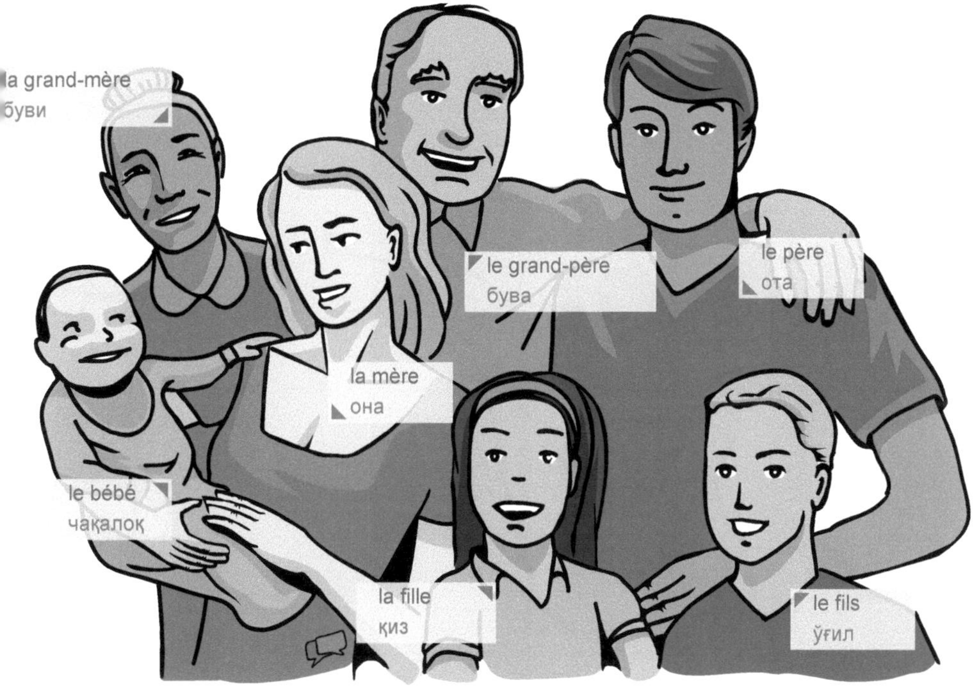

la grand-mère
буви
le grand-père
бува
le père
ота
la mère
она
le bébé
чақалоқ
la fille
қиз
le fils
ўғил

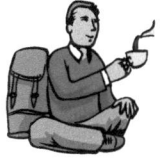

l'hôte

меҳмон

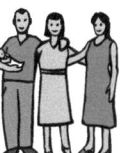

la tante

амма

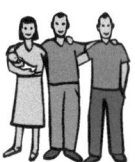

l'oncle

тоға

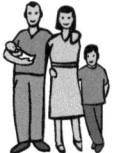

le frère

ака

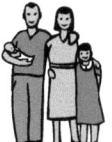

la sœur

опа

le corps

тана

le front
пешона
l'œil
кўз
l'épaule
елка
le doigt
бармоқ
le visage
юз
le menton
ияк
la main
қўл панжалари
la jambe
оёқ
la poitrine
кўкрак
le bras
қўл

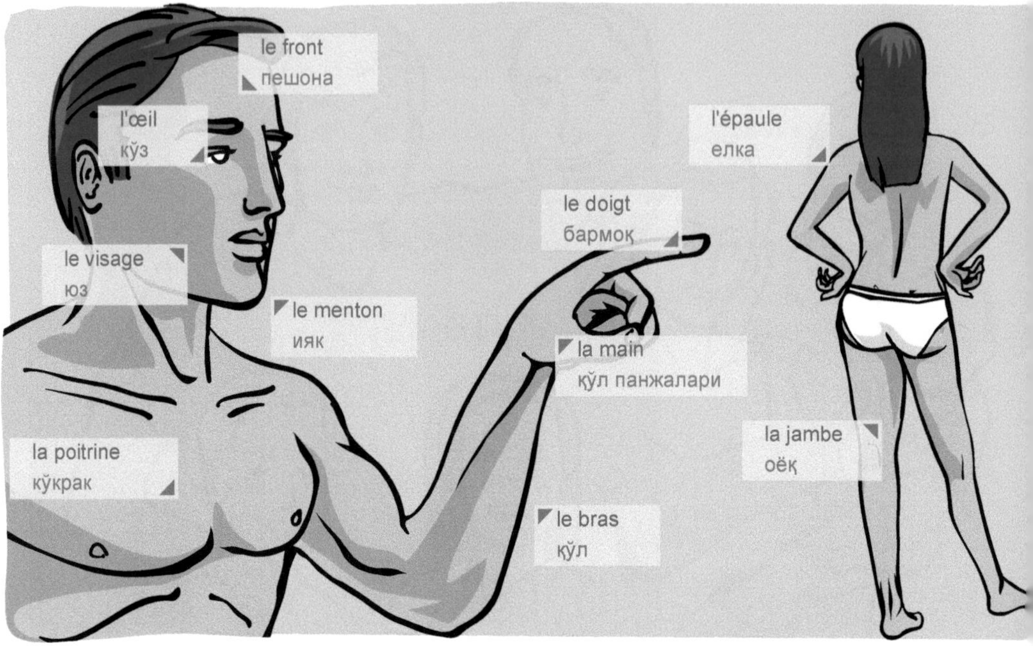

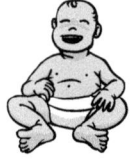

le bébé
чақалоқ

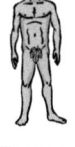

l'homme
одам

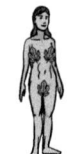

la femme
аёл

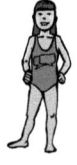

la fille
қиз бола

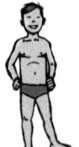

le garçon
ўғил бола

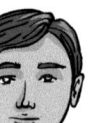

la tête
бош

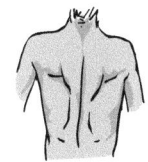

le dos

орқа

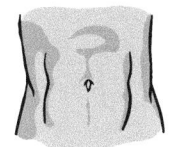

le ventre

қорин

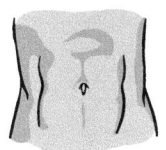

le nombril

киндик

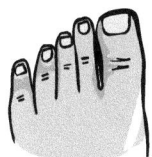

l'orteil

оёқ панжаси

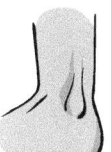

le talon

товон

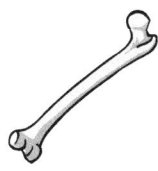

l'os

суяк

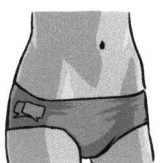

la hanche

бел

le genou

тизза

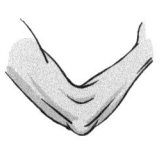

le coude

тирсак

le nez

бурун

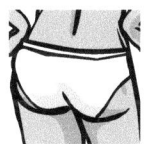

les fesses

думба

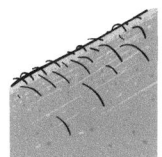

la peau

тери

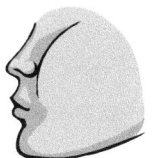

la joue

яноқ

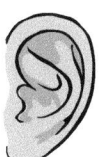

l'oreille

қулоқ

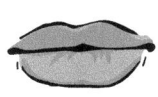

la lèvre

лаб

le corps - тана

la bouche

оғиз

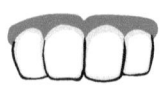

la dent

тиш

la langue

тил

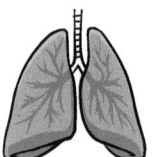

le cerveau

мия

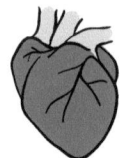

le cœur

юрак

le muscle

мушак

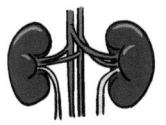

les poumons

ўпка

le foie

жигар

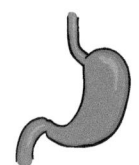

l'estomac

ошқозон

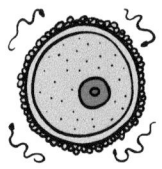

les reins

буйрак

le rapport sexuel

жинсий алоқа

le préservatif

презерватив

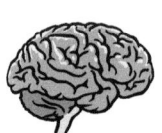

l'ovule

тухум ҳужайра

le sperme

уруғ

la grossesse

ҳомиладорлик

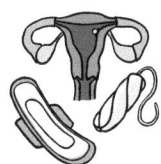

la menstruation
хайз

le vagin
бачадон

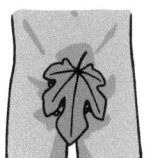

le pénis
олат

le sourcil
қош

les cheveux
соч

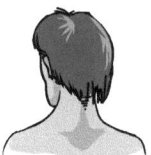

le cou
бӯйин

l'hôpital
шифохона

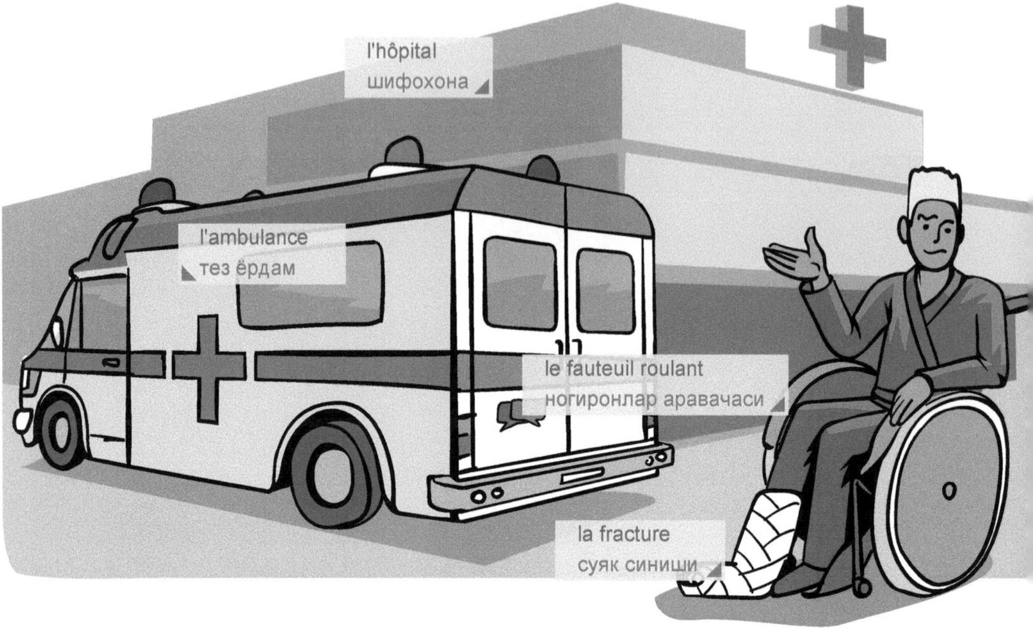

l'hôpital
шифохона
l'ambulance
тез ёрдам
le fauteuil roulant
ногиронлар аравачаси
la fracture
суяк синиши

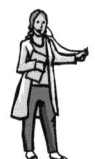

le médecin

шифокор

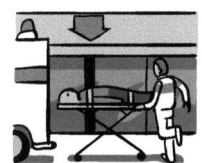

le service des urgences

Шошилинч тиббий ёрдам кўрсатиш бўлими

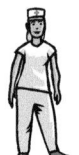

l'infirmière

ҳамшира

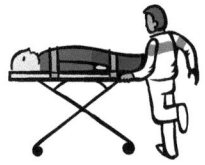

l'urgence

тез ёрдам

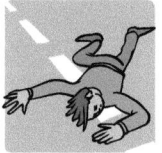

inconscient

ҳушсизлик

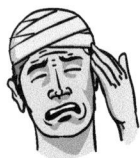

la douleur

оғриқ

la blessure

жароҳат

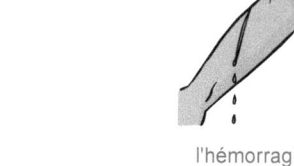

l'hémorragie

қонаш

la crise cardiaque

юрак хуружи

l'attaque cérébrale

инсульт

l'allergie

аллергия

la toux

йўтал

la fièvre

иситма

la grippe

тумов

la diarrhée

ич кетиш

le mal de tête

бош оғриғи

le cancer

саратон касали

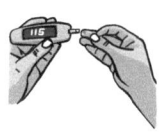

le diabète

қандли диабет

le chirurgien

жарроҳ

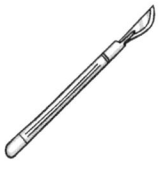

le scalpel

жарроҳ пичоғи

l'opération

жарроҳлик амалиёти

le CT

томография

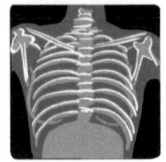

la radiographie

рентген

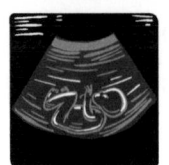

l'échographie

ултратовуш текшируви

le masque

юз ниқоби

la maladie

касаллик

la salle d'attente

қабулхона

la béquille

қўлтиқтаёқ

le pansement

малҳамли пластир

le pansement

бинт

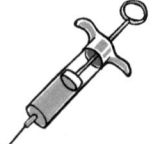

l'injection

укол

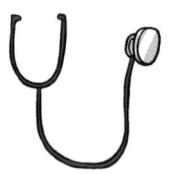

le stéthoscope

юрак урушини ва ўпкани
эшитиб кўрадиган асбоб

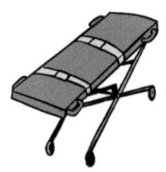

le brancard

беморлар учун замбил

le thermomètre

термометр

l'accouchement

туғруқ

la surcharge pondérale

семизлик

l'hôpital - шифохона

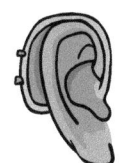

l'appareil auditif

эшитиш мосламаси

le désinfectant

дезинфекцияловчи восита

l'infection

инфекция

le virus

вирус

le VIH / le sida

ОИВ / ОИТС

le médicament

дори

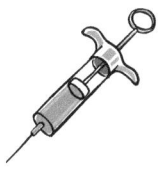

la vaccination

эмлаш

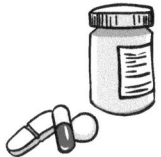

les comprimés

таблетка

la pilule

дори

l'appel d'urgence

тез ёрдам қўнғироғи

le tensiomètre

қон босимини ўлчаш
асбоби

malade / sain

касал / соғлом

Au secours !

Ёрдам беринглар!

l'alarme

хавф-хатар ишораси

l'assaut

тажовуз

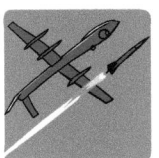

l'attaque

ҳужум

le danger

хавф

la sortie de secours

фавкулодда ҳолатларда
чиқиш эшиги

Au feu!

Ёнғин!

l'extincteur

ўт ўчиргич

l'accident

фалокат

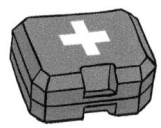

la trousse de premier
secours

биринчи тиббий ёрдам
тўплами

SOS

фалокат сигнали

la police

полиция

l'Europe

Европа

l'Amérique du Nord

Шимолий Америка

l'Amérique du Sud

Жанубий Америка

l'Afrique

Африка

l'Asie

Осиё

l'Australie

Австралия

l'Océan atlantique

Атлантик океани

l'Océan pacifique

Тинч океани

l'Océan indien

Ҳинд океани

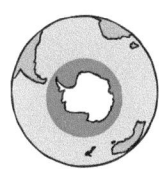

l'Océan antarctique

Антарктида океани

l'Océan arctique

Арктика океани

le Pôle nord

Шимолий қутб

le Pôle sud

Жанубий қутб

l'Antarctique

Антарктика

la terre

Ер

le pays

ўлка

la mer

денгиз

l'île

орол

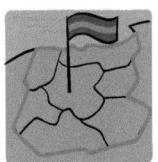

la nation

миллат

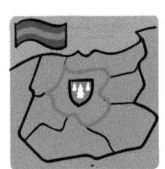

l'état

давлат

le cadran

астрономик вақт
кўрсатгичи

l'aiguille des heures

соат мили

l'aiguille des minutes

дақиқа мили

l'aiguille des secondes

сония мили

Quelle heure est-il ?

Соат неча?

le jour

кун

le temps

вақт

maintenant

ҳозир

la montre digitale

рақамли соат

la minute

дақиқа

l'heure

соат

lundi
Душанба

mercredi
Чоршанба

vendredi
Жума

mardi
Сешанба

samedi
Шанба

jeudi
Пайшанба

dimanche
Якшанба

hier
кеча

aujourd'hui
бугун

demain
эртага

le matin
эрталаб

le midi
пешин

le soir
кечкурун

les jours ouvrables
иш кунлари

le week-end
дам олиш кунлари

l'arc-en-ciel
камалак

la pluie
ёмғир

la neige
қор

le vent
шамол генератори

le printemps
баҳор

l'automne
куз

l'été
ёз

l'hiver
қиш

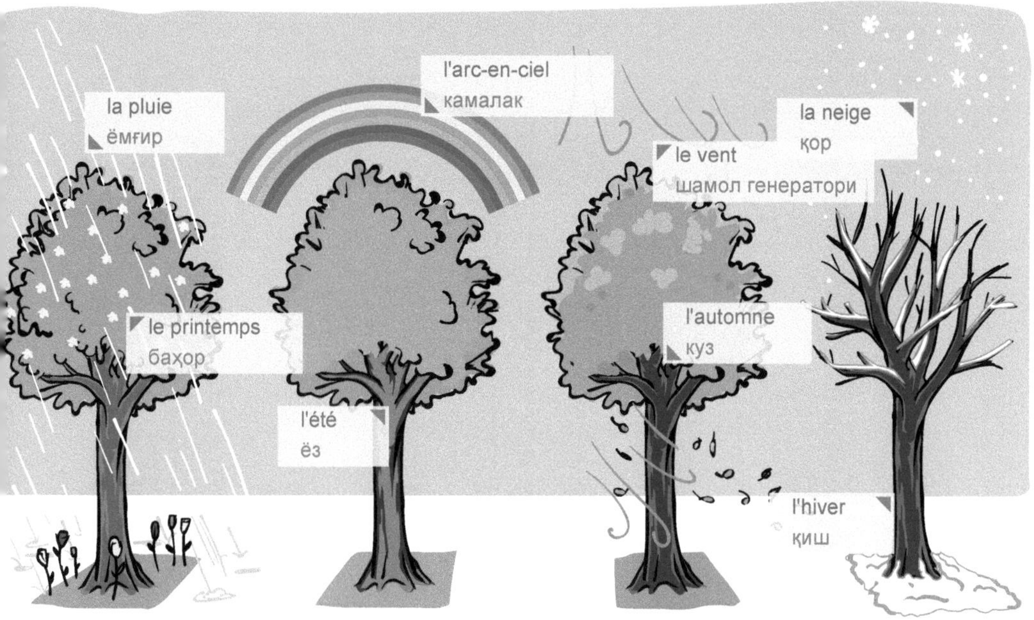

la météo

об-ҳаво маълумоти

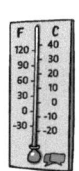

le thermomètre

термометр

la lumière du soleil

қуёшли

le nuage

булут

le brouillard

туман

l'humidité

намгарчилик

la foudre

чақмоқ

la tonnerre

момоқалдироқ

la tempête

бўрон

la grêle

дўл

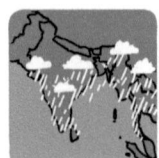

la mousson

намгарчилик мавсуми

l'inondation

тошқин

la glace

муз

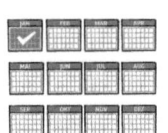

janvier

Январь

février

Февраль

mars

Март

avril

Апрель

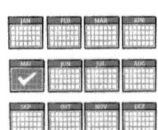

mai

Май

juin

Июнь

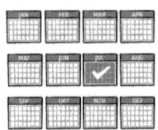

juillet

Июль

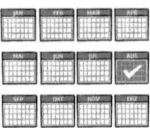

août

Август

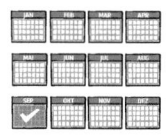

septembre

Сентябрь

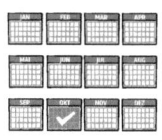

octobre

Октябрь

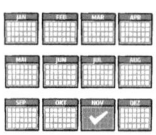

novembre

Ноябрь

décembre

Декабрь

les formes

шакллар

le cercle

айлана

le carré

квадрат

le rectangle

тўртбурчак

le triangle

учбурчак

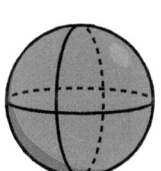

la sphère

доира

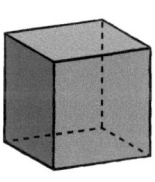

le cube

куб

blanc

оқ

jaune

сариқ

orange

сабзи ранг

rose

пушти

rouge

қизил

violet

тўқ қизил

bleu

кўк

vert

яшил

marron

жигар ранг

gris

кул ранг

noir

қора

beaucoup / peu

кӯп / оз

fâché / calme

ғазабли / хотиржам

joli / laid

гӯзал / хунук

le début / la fin

боши / охири

grand / petit

катта / кичик

clair / obscure

ёруғ / қоронғу

frère / soeur

ака / сингил

propre / sale

тоза / ифлос

complet / incomplet

тӯлиқ / чала

le jour / la nuit

кун / тун

mort / vivant

ӯлик / тирик

large / étroit

кенг / тор

comestible / incomestible

еса бўладиган / еса
бўлмайдиган

méchant / gentil

ёвуз / хайрли

excité / ennuyé

ҳаяжонли / зерикарли

gros / mince

семиз / озғин

le premier / le dernier

биринчи / охирги

l'ami / l'ennemi

дўст / душман

plein / vide

тўла / бўш

dur / souple

қаттиқ / юмшоқ

lourd / léger

оғир / енгил

faim / soif

очлик / чанқов

malade / sain

касал / соғлом

illégal / légal

ноқонуний / қонуний

intelligent / stupide

зиёли / калтафаҳм

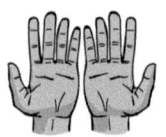

gauche / droite

чап / ўнг

proche / loin

яқин / узоқ

les oppositions - қарама-қарши маъноли сўзлар

nouveau / usé

янги / ишлатилган

rien / quelque chose

ҳеч нарса / бир нарса

vieux / jeune

қари / ёш

marche / arrêt

ёниқ / ўчиқ

ouvert / fermé

очиқ / ёпиқ

faible / fort

паст / баланд

riche / pauvre

бой / камбағал

correct / incorrect

тўғри / нотўғри

rugueux / lisse

нотекис / текис

triste / heureux

хафа / хурсанд

court / long

қисқа / узун

lent / rapide

секин / тез

mouillé / sec

нам / қуруқ

chaud / froid

илиқ / салқин

la guerre / la paix

уруш / тинчлик

0

zéro

ноль

1

un / une

бир

2

deux

икки

3

trois

уч

4

quatre

тўрт

5

cinq

беш

6

six

олти

7

sept

етти

8

huit

саккиз

9

neuf

тўққиз

10

dix

ўн

11

onze

ўн бир

12
douze
ўн икки

13
treize
ўн уч

14
quatorze
ўн тўрт

15
quinze
ўн беш

16
seize
ўн олти

17
dix-sept
ўн етти

18
dix-huit
ўн саккиз

19
dix-neuf
ўн тўққиз

20
vingt
йигирма

100
cent
юз

1.000
mille
минг

1.000.000
le million
миллион

les nombres - рақамлар

тиллар

l'anglais

Инглиз

l'anglais américain

Америкача инглиз тили

le chinois mandarin

Хитой тилининг Мандарин
лаҳчаси

le hindi

Ҳинд

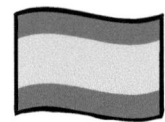

l'espagnol

Испан

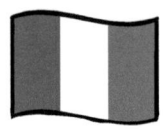

le français

Француз

l'arabe

Араб

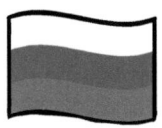

le russe

Рус

le portugais

Португал

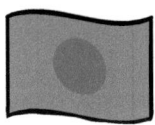

le bengali

Бенгал

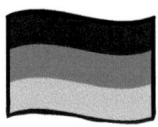

l'allemand

Немис

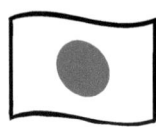

le japonais

Япон

je

Мен

tu

Сен

il / elle / ce, c', cela

у / у / у

nous

биз

vous

сизлар

ils / elles

улар

Qui ?

ким?

Quoi ?

нима?

Comment ?

қандай?

Où ?

қаерда?

Quand ?

қачон?

le nom

исм

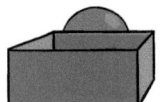

derrière

орқада

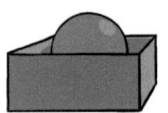

dans

ичида

devant

олдида

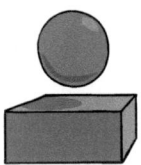

au-dessus

узра

sur

устида

en-dessous

тагида

à côté de

ёнида

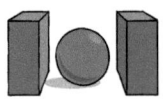

entre

ўртасида

le lieu

жой